Dê a CADA DIA *a chance de se tornar o* MAIS BONITO *da sua vida*

Planner com inspirações para uma vida organizada

AGIR

Direitos de edição da obra em língua portuguesa no Brasil adquiridos pela Agir, selo da Editora Nova Fronteira Participações S.A. Todos os direitos reservados. Nenhuma parte desta obra pode ser apropriada e estocada em sistema de banco de dados ou processo similar, em qualquer forma ou meio, seja eletrônico, de fotocópia, gravação etc., sem a permissão do detentor do copirraite.

A Nova Fronteira agradece aos agentes, autores e herdeiros que gentilmente cederam frases para este *planner*.

Editora Nova Fronteira Participações S.A.
Rua Candelária, 60 — 7º andar — Centro — 20091-020
Rio de Janeiro — RJ — Brasil
Tel.: (21) 3882-8200

Dados Internacionais de Catalogação na Publicação (CIP)
(Câmara Brasileira do Livro, SP, Brasil)

Dê a cada dia a chance de se tornar o mais bonito da sua vida : *Planner* com inspirações para uma vida organizada e feliz. -- 1. ed. -- Rio de Janeiro : AGIR, 2020.
    144 p.
    ISBN 978-65-58370-22-2

1. Administração do tempo 2. Calendários 3. Mensagens 4. Organização 5. Planejamento.

20-40811   CDD-658.4

Índices para catálogo sistemático:
1. Organização pessoal : Administração 658.4
Maria Alice Ferreira - Bibliotecária - CRB-8/7964

APRESENTAÇÃO

Veja se isso não é comum: chega o início de um novo ano, ou mesmo o início de uma nova semana, e você está repleto de metas — concluirá aquele projeto que está parado, falará com aquelas pessoas queridas com que não conversa há muito tempo, iniciará uma vida menos sedentária, dará mais atenção à família, resolverá uma série de "pepinos" que estão só esperando suas decisões...

Uma maravilha!

Mas então passa-se um dia, outro dia, mais um... e aquele entusiasmo todo some. Para piorar, com ele parece que se vão também as esperanças de mudar e que os objetivos vão ficando mais longe, mais longe...

As páginas que você tem em mãos vão ajudá-lo a virar esse jogo. Afinal, o primeiro passo para a conquista de qualquer objetivo não pode ser outro senão a boa e velha organização: anotar, listar, conferir, programar... Mas não só. Este *planner* traz também breves pensamentos de grandes escritores que nos ajudam a manter a inspiração no dia a dia e não deixar a peteca cair.

Com certeza, você encontrará aqui um companheiro diário. Siga em frente!

CALENDÁRIOS

2021

Janeiro
D	S	T	Q	Q	S	S
					1	2
3	4	5	6	7	8	9
10	11	12	13	14	15	16
17	18	19	20	21	22	23
24/31	25	26	27	28	29	30

Fevereiro
D	S	T	Q	Q	S	S
	1	2	3	4	5	6
7	8	9	10	11	12	13
14	15	16	17	18	19	20
21	22	23	24	25	26	27
28						

Março
D	S	T	Q	Q	S	S
	1	2	3	4	5	6
7	8	9	10	11	12	13
14	15	16	17	18	19	20
21	22	23	24	25	26	27
28	29	30	31			

Abril
D	S	T	Q	Q	S	S
				1	2	3
4	5	6	7	8	9	10
11	12	13	14	15	16	17
18	19	20	21	22	23	24
25	26	27	28	29	30	

Maio
D	S	T	Q	Q	S	S
						1
2	3	4	5	6	7	8
9	10	11	12	13	14	15
16	17	18	19	20	21	22
23/30	24/31	25	26	27	28	29

Junho
D	S	T	Q	Q	S	S
		1	2	3	4	5
6	7	8	9	10	11	12
13	14	15	16	17	18	19
20	21	22	23	24	25	26
27	28	29	30			

Julho
D	S	T	Q	Q	S	S
				1	2	3
4	5	6	7	8	9	10
11	12	13	14	15	16	17
18	19	20	21	22	23	24
25	26	27	28	29	30	31

Agosto
D	S	T	Q	Q	S	S
1	2	3	4	5	6	7
8	9	10	11	12	13	14
15	16	17	18	19	20	21
22	23	24	25	26	27	28
29	30	31				

Setembro
D	S	T	Q	Q	S	S
			1	2	3	4
5	6	7	8	9	10	11
12	13	14	15	16	17	18
19	20	21	22	23	24	25
26	27	28	29	30		

Outubro
D	S	T	Q	Q	S	S
					1	2
3	4	5	6	7	8	9
10	11	12	13	14	15	16
17	18	19	20	21	22	23
24/31	25	26	27	28	29	30

Novembro
D	S	T	Q	Q	S	S
	1	2	3	4	5	6
7	8	9	10	11	12	13
14	15	16	17	18	19	20
21	22	23	24	25	26	27
28	29	30				

Dezembro
D	S	T	Q	Q	S	S
			1	2	3	4
5	6	7	8	9	10	11
12	13	14	15	16	17	18
19	20	21	22	23	24	25
26	27	28	29	30	31	

2022

Janeiro
D	S	T	Q	Q	S	S
						1
2	3	4	5	6	7	8
9	10	11	12	13	14	15
16	17	18	19	20	21	22
23/30	24/31	25	26	27	28	29

Fevereiro
D	S	T	Q	Q	S	S
		1	2	3	4	5
6	7	8	9	10	11	12
13	14	15	16	17	18	19
20	21	22	23	24	25	26
27	28					

Março
D	S	T	Q	Q	S	S
		1	2	3	4	5
6	7	8	9	10	11	12
13	14	15	16	17	18	19
20	21	22	23	24	25	26
27	28	29	30	31		

Abril
D	S	T	Q	Q	S	S
					1	2
3	4	5	6	7	8	9
10	11	12	13	14	15	16
17	18	19	20	21	22	23
24	25	26	27	28	29	30

Maio
D	S	T	Q	Q	S	S
1	2	3	4	5	6	7
8	9	10	11	12	13	14
15	16	17	18	19	20	21
22	23	24	25	26	27	28
29	30	31				

Junho
D	S	T	Q	Q	S	S
			1	2	3	4
5	6	7	8	9	10	11
12	13	14	15	16	17	18
19	20	21	22	23	24	25
26	27	28	29	30		

Julho
D	S	T	Q	Q	S	S
					1	2
3	4	5	6	7	8	9
10	11	12	13	14	15	16
17	18	19	20	21	22	23
24/31	25	26	27	28	29	30

Agosto
D	S	T	Q	Q	S	S
	1	2	3	4	5	6
7	8	9	10	11	12	13
14	15	16	17	18	19	20
21	22	23	24	25	26	27
28	29	30	31			

Setembro
D	S	T	Q	Q	S	S
				1	2	3
4	5	6	7	8	9	10
11	12	13	14	15	16	17
18	19	20	21	22	23	24
25	26	27	28	29	30	

Outubro
D	S	T	Q	Q	S	S
						1
2	3	4	5	6	7	8
9	10	11	12	13	14	15
16	17	18	19	20	21	22
23/30	24/31	25	26	27	28	29

Novembro
D	S	T	Q	Q	S	S
		1	2	3	4	5
6	7	8	9	10	11	12
13	14	15	16	17	18	19
20	21	22	23	24	25	26
27	28	29	30			

Dezembro
D	S	T	Q	Q	S	S
				1	2	3
4	5	6	7	8	9	10
11	12	13	14	15	16	17
18	19	20	21	22	23	24
25	26	27	28	29	30	31

O QUE QUERO QUE ACONTEÇA NO MEU ANO?

PLANEJAMENTO ANUAL

JANEIRO

_____
_____
_____
_____
_____
_____

FEVEREIRO

_____
_____
_____
_____
_____
_____

MARÇO

_____
_____
_____
_____
_____
_____

ABRIL

_____
_____
_____
_____
_____
_____

MAIO

_____
_____
_____
_____
_____
_____

JUNHO

_____
_____
_____
_____
_____
_____

JULHO

_____
_____
_____
_____
_____
_____

AGOSTO

_____
_____
_____
_____
_____
_____

SETEMBRO

_____
_____
_____
_____
_____
_____

OUTUBRO

_____
_____
_____
_____
_____
_____

NOVEMBRO

_____
_____
_____
_____
_____
_____

DEZEMBRO

_____
_____
_____
_____
_____
_____

MINHA VIDA LITERÁRIA

LIVROS QUE VOU LER ESTE ANO

OBJETOS DE DESEJO

DESCOBERTAS QUE VÃO FURAR A FILA

LIVROS QUE AMEI

EM LISTAS

COMECEI A LER E NÃO CONSEGUI TERMINAR

INDICAÇÕES DE AMIGOS

EMPRESTEI E QUERO DE VOLTA

LISTA DE DESAPEGO

RODA DA VIDA

Como estão as principais áreas da sua vida? Este gráfico simples ajuda você a visualizar o que está bom e o que precisa melhorar. Faça sua autoavaliação e vá pintando os espaços de cada fatia de acordo com a nota que quiser dar. Se determinada área estiver insatisfatória, pinte 1; se estiver maravilhosa, pinte os 10. Ao longo do tempo, reflita sobre as evoluções e acompanhe seu progresso!

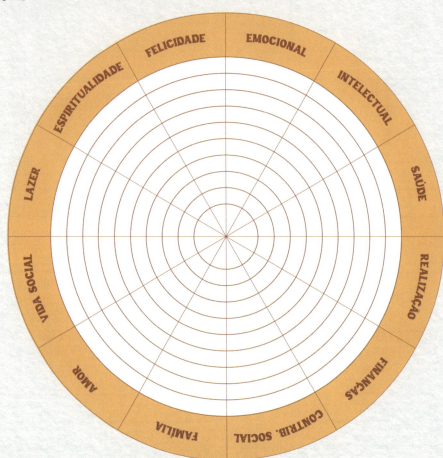

LAZER - COMO VOCÊ PASSA SEU TEMPO: HOBBIES, DESCANSO E DIVERSÃO.
ESPIRITUALIDADE - COM O QUE VOCÊ SE CONECTA: CRENÇAS, RELIGIÃO, MEDITAÇÃO.
FELICIDADE - PLENITUDE, MOTIVAÇÃO, SATISFAÇÃO, PAZ INTERNA.
EMOCIONAL - COMO ESTÁ O EQUILÍBRIO DAS SUAS EMOÇÕES.
INTELECTUAL - COMO VOCÊ TEM EXERCITADO A MENTE: VIDA ACADÊMICA, LIVROS.
SAÚDE - COMO VOCÊ TEM SE SENTIDO FÍSICA, MENTAL E EMOCIONALMENTE.
REALIZAÇÃO - O QUANTO VOCÊ SE SENTE REALIZADO PROFISSIONAL, PESSOAL E AFETIVAMENTE.
FINANÇAS - O BALANÇO DAS CONTAS PESSOAIS, DA CASA E OS PLANEJAMENTOS A LONGO PRAZO.
CONTRIBUIÇÃO SOCIAL - COMO VOCÊ FAZ SUA PARTE NO PLANETA: VOLUNTARIADO, PROJETOS SOCIAIS, DOAÇÕES.
FAMÍLIA - COMO É A QUALIDADE DO SEU RELACIONAMENTO FAMILIAR.
AMOR - COMO ESTÃO SEUS RELACIONAMENTOS AMOROSOS.
VIDA SOCIAL - SAÍDAS, PASSEIOS CULTURAIS, AFETOS CULTIVADOS E EXPERIÊNCIAS COMPARTILHADAS.

CONTROLE FINANCEIRO

O QUE COMPREI?　　　　　**QUANDO VOU PAGAR?**

　　　　　　　　　　　　　　J F M A M J J A S O N D

_____　　☐☐☐☐☐☐☐☐☐☐☐☐
_____　　☐☐☐☐☐☐☐☐☐☐☐☐
_____　　☐☐☐☐☐☐☐☐☐☐☐☐
_____　　☐☐☐☐☐☐☐☐☐☐☐☐
_____　　☐☐☐☐☐☐☐☐☐☐☐☐
_____　　☐☐☐☐☐☐☐☐☐☐☐☐
_____　　☐☐☐☐☐☐☐☐☐☐☐☐
_____　　☐☐☐☐☐☐☐☐☐☐☐☐
_____　　☐☐☐☐☐☐☐☐☐☐☐☐
_____　　☐☐☐☐☐☐☐☐☐☐☐☐
_____　　☐☐☐☐☐☐☐☐☐☐☐☐
_____　　☐☐☐☐☐☐☐☐☐☐☐☐
_____　　☐☐☐☐☐☐☐☐☐☐☐☐
_____　　☐☐☐☐☐☐☐☐☐☐☐☐
_____　　☐☐☐☐☐☐☐☐☐☐☐☐
_____　　☐☐☐☐☐☐☐☐☐☐☐☐
_____　　☐☐☐☐☐☐☐☐☐☐☐☐
_____　　☐☐☐☐☐☐☐☐☐☐☐☐
_____　　☐☐☐☐☐☐☐☐☐☐☐☐
_____　　☐☐☐☐☐☐☐☐☐☐☐☐
_____　　☐☐☐☐☐☐☐☐☐☐☐☐
_____　　☐☐☐☐☐☐☐☐☐☐☐☐

MÊS

LEITURAS DO MÊS

ANOTAÇÕES

_____
_____
_____
_____
_____
_____
_____
_____
_____
_____
_____
_____
_____
_____
_____
_____
_____
_____
_____
_____

SEGUNDA-FEIRA	TERÇA-FEIRA	QUARTA-FEIRA

OBJETIVOS

QUINTA-FEIRA	SEXTA-FEIRA	SÁBADO	DOMINGO

MÊS

LEITURAS DO MÊS

ANOTAÇÕES | SEGUNDA-FEIRA | TERÇA-FEIRA | QUARTA-FEIRA

OBJETIVOS

QUINTA-FEIRA	SEXTA-FEIRA	SÁBADO	DOMINGO

MÊS

LEITURAS DO MÊS

ANOTAÇÕES | SEGUNDA-FEIRA | TERÇA-FEIRA | QUARTA-FEIRA

OBJETIVOS

QUINTA-FEIRA	SEXTA-FEIRA	SÁBADO	DOMINGO

MÊS

LEITURAS DO MÊS

ANOTAÇÕES

SEGUNDA-FEIRA	TERÇA-FEIRA	QUARTA-FEIRA

OBJETIVOS

QUINTA-FEIRA	SEXTA-FEIRA	SÁBADO	DOMINGO

MÊS

LEITURAS DO MÊS

ANOTAÇÕES

SEGUNDA-FEIRA	TERÇA-FEIRA	QUARTA-FEIRA

OBJETIVOS

QUINTA-FEIRA	SEXTA-FEIRA	SÁBADO	DOMINGO

MÊS

LEITURAS DO MÊS

ANOTAÇÕES

_____
_____
_____
_____
_____
_____
_____
_____
_____
_____
_____
_____
_____
_____
_____
_____
_____
_____
_____
_____

SEGUNDA-FEIRA	TERÇA-FEIRA	QUARTA-FEIRA

OBJETIVOS

QUINTA-FEIRA	SEXTA-FEIRA	SÁBADO	DOMINGO

MÊS

LEITURAS DO MÊS

ANOTAÇÕES

SEGUNDA-FEIRA	TERÇA-FEIRA	QUARTA-FEIRA

OBJETIVOS

QUINTA-FEIRA	SEXTA-FEIRA	SÁBADO	DOMINGO

MÊS

LEITURAS DO MÊS

ANOTAÇÕES

SEGUNDA-FEIRA	TERÇA-FEIRA	QUARTA-FEIRA

OBJETIVOS

QUINTA-FEIRA	SEXTA-FEIRA	SÁBADO	DOMINGO

MÊS

LEITURAS DO MÊS

ANOTAÇÕES

SEGUNDA-FEIRA	TERÇA-FEIRA	QUARTA-FEIRA

OBJETIVOS

QUINTA-FEIRA	SEXTA-FEIRA	SÁBADO	DOMINGO

MÊS

LEITURAS DO MÊS

ANOTAÇÕES | SEGUNDA-FEIRA | TERÇA-FEIRA | QUARTA-FEIRA

OBJETIVOS

QUINTA-FEIRA	SEXTA-FEIRA	SÁBADO	DOMINGO

MÊS

LEITURAS DO MÊS

ANOTAÇÕES SEGUNDA-FEIRA TERÇA-FEIRA QUARTA-FEIRA

OBJETIVOS

QUINTA-FEIRA	SEXTA-FEIRA	SÁBADO	DOMINGO

MÊS

LEITURAS DO MÊS

ANOTAÇÕES

SEGUNDA-FEIRA	TERÇA-FEIRA	QUARTA-FEIRA

OBJETIVOS

QUINTA-FEIRA	SEXTA-FEIRA	SÁBADO	DOMINGO

SEGUNDA-FEIRA..

TERÇA-FEIRA..

QUARTA-FEIRA...

MÊS: ....

O segredo de progredir é começar. O segredo de começar é dividir suas tarefas complexas e árduas em pequenas tarefas fáceis de executar e começar pela primeira.

— Mark Twain

.... QUINTA-FEIRA

.... SEXTA-FEIRA

SÁBADO.. DOMINGO

MINHAS PRIORIDADES:

METAS DA SEMANA:

O QUE PODE MELHORAR:

SEGUNDA-FEIRA..

TERÇA-FEIRA..

QUARTA-FEIRA..

MÊS: ....

Às vezes, acredito em seis coisas impossíveis antes do café da manhã.
— *Alice no País das Maravilhas,*
Lewis Carroll

.... **QUINTA-FEIRA**

.... **SEXTA-FEIRA**

SÁBADO.. **DOMINGO**

MINHAS PRIORIDADES:

METAS DA SEMANA:

O QUE PODE MELHORAR:

SEGUNDA-FEIRA..

TERÇA-FEIRA..

QUARTA-FEIRA...

MÊS: ....

*Para ser grande, sê inteiro: nada/ Teu exagera ou exclui./
Sê todo em cada coisa. Põe quanto és/ No mínimo que fazes.*

— Obra poética de Fernando Pessoa vol. 2,
Ricardo Reis

.... **QUINTA-FEIRA**

.... **SEXTA-FEIRA**

SÁBADO..**DOMINGO**

MINHAS PRIORIDADES: **METAS DA SEMANA:** **O QUE PODE MELHORAR:**

SEGUNDA-FEIRA..

TERÇA-FEIRA..

QUARTA-FEIRA..

MÊS: ....

*Certos pensamentos são orações.
Há ocasiões em que, não obstante a postura do corpo,
a alma está de joelhos.*

— Victor Hugo

.... **QUINTA-FEIRA**

.... **SEXTA-FEIRA**

SÁBADO..**DOMINGO**

MINHAS PRIORIDADES:

METAS DA SEMANA:

O QUE PODE MELHORAR:

SEGUNDA-FEIRA..

TERÇA-FEIRA..

QUARTA-FEIRA...

MÊS: ....

Abre bem o olho para veres as coisas bonitas que existem por aí.
O único meio de ver bem o mundo é abrir os olhos.

— *Pluft, o Fantasminha*,
Maria Clara Machado

.... **QUINTA-FEIRA**

.... **SEXTA-FEIRA**

SÁBADO .... **DOMINGO**

MINHAS PRIORIDADES:

METAS DA SEMANA:

O QUE PODE MELHORAR:

SEGUNDA-FEIRA...

TERÇA-FEIRA..

QUARTA-FEIRA...

MÊS: ....

Conheça sua própria felicidade. A única coisa que lhe falta é paciência... ou, se quiser dar-lhe um nome mais fascinante, chame-lhe esperança.

— *Razão e sentimento,*
Jane Austen

.... **QUINTA-FEIRA**

.... **SEXTA-FEIRA**

SÁBADO..**DOMINGO**

MINHAS PRIORIDADES:

METAS DA SEMANA:

O QUE PODE MELHORAR:

SEGUNDA-FEIRA..

TERÇA-FEIRA..

QUARTA-FEIRA..

MÊS: ....

O amigo é um momento de eternidade.
— O óbvio ululante,
Nelson Rodrigues

.... **QUINTA-FEIRA**

.... **SEXTA-FEIRA**

SÁBADO..**DOMINGO**

| **MINHAS PRIORIDADES:** | **METAS DA SEMANA:** | **O QUE PODE MELHORAR:** |

SEGUNDA-FEIRA...

TERÇA-FEIRA..

QUARTA-FEIRA..

MÊS: ....

*Quando se está imaginando é melhor imaginar
algo que valha realmente a pena.*

— *Anne de Green Gables*,
Lucy Maud Montgomery

.... **QUINTA-FEIRA**

.... **SEXTA-FEIRA**

SÁBADO... **DOMINGO**

MINHAS PRIORIDADES:

METAS DA SEMANA:

O QUE PODE MELHORAR:

SEGUNDA-FEIRA ....

TERÇA-FEIRA ....

QUARTA-FEIRA ....

MÊS: ....

O passado é lição para se meditar, não para reproduzir.

— Poesias completas,
Mário de Andrade

.... **QUINTA-FEIRA**

.... **SEXTA-FEIRA**

SÁBADO.. **DOMINGO**

MINHAS PRIORIDADES:

METAS DA SEMANA:

O QUE PODE MELHORAR:

SEGUNDA-FEIRA..

TERÇA-FEIRA...

QUARTA-FEIRA..

MÊS: ....

Se queremos deixar vestígios neste mundo, temos que ser solidários com ele.

— *A convidada*,
Simone de Beauvoir

.... **QUINTA-FEIRA**

.... **SEXTA-FEIRA**

SÁBADO... **DOMINGO**

MINHAS PRIORIDADES:

METAS DA SEMANA:

O QUE PODE MELHORAR:

SEGUNDA-FEIRA..

TERÇA-FEIRA..

QUARTA-FEIRA...

MÊS: ....

> Quando a gente não pode imitar os grandes homens, imite ao menos as grandes ficções.
>
> — Machado de Assis

.... **QUINTA-FEIRA**

.... **SEXTA-FEIRA**

SÁBADO .... **DOMINGO**

| **MINHAS PRIORIDADES:** | **METAS DA SEMANA:** | **O QUE PODE MELHORAR:** |

SEGUNDA-FEIRA..

TERÇA-FEIRA..

QUARTA-FEIRA..

MÊS: ....

O que importa é o Sonho, o delírio, a generosa loucura que nos impele para frente.

— Romance de Dom Pantero no Palco dos Pecadores,
Ariano Suassuna

.... **QUINTA-FEIRA**

.... **SEXTA-FEIRA**

SÁBADO.. **DOMINGO**

MINHAS PRIORIDADES:　　**METAS DA SEMANA:**　　**O QUE PODE MELHORAR:**

SEGUNDA-FEIRA..

TERÇA-FEIRA..

QUARTA-FEIRA...

MÊS: ....

O castigo do mentiroso não está de modo algum em não receber o crédito dos outros, mas em não conseguir acreditar em ninguém mais.

— George Bernard Shaw

QUINTA-FEIRA

SEXTA-FEIRA

SÁBADO ... **DOMINGO**

MINHAS PRIORIDADES:

METAS DA SEMANA:

O QUE PODE MELHORAR:

SEGUNDA-FEIRA...

TERÇA-FEIRA...

QUARTA-FEIRA...

MÊS: ....

Você é uma criatura maravilhosa. Sabe mais do que pensa que sabe; exatamente como sabe menos do que desejaria saber.

— O retrato de Dorian Gray,
Oscar Wilde

.... **QUINTA-FEIRA**

.... **SEXTA-FEIRA**

SÁBADO... **DOMINGO**

MINHAS PRIORIDADES: **METAS DA SEMANA:**   **O QUE PODE MELHORAR:**

SEGUNDA-FEIRA..

TERÇA-FEIRA..

QUARTA-FEIRA..

MÊS: ....

Como esta nossa vida é variada e diversa.

— *Triste fim de Policarpo Quaresma,*
Lima Barreto

.... **QUINTA-FEIRA**

.... **SEXTA-FEIRA**

SÁBADO... **DOMINGO**

MINHAS PRIORIDADES:

METAS DA SEMANA:

O QUE PODE MELHORAR:

SEGUNDA-FEIRA ....

TERÇA-FEIRA ....

QUARTA-FEIRA ....

MÊS: ....

A existência me parece muito breve para ser gasta em nutrir animosidade ou relembrar malfeitos.

— *Jane Eyre*,
Charlotte Brontë

.... **QUINTA-FEIRA**

.... **SEXTA-FEIRA**

SÁBADO .... **DOMINGO**

MINHAS PRIORIDADES:

METAS DA SEMANA:

O QUE PODE MELHORAR:

SEGUNDA-FEIRA ....

TERÇA-FEIRA ....

QUARTA-FEIRA ....

MÊS: ....

A experiência humana, tal qual as luzes da popa de um navio, só ilumina o caminho pelo qual passamos.

— Samuel Taylor Coleridge

.... **QUINTA-FEIRA**

.... **SEXTA-FEIRA**

SÁBADO... **DOMINGO**

MINHAS PRIORIDADES:

METAS DA SEMANA:

O QUE PODE MELHORAR:

SEGUNDA-FEIRA ....

TERÇA-FEIRA ....

QUARTA-FEIRA ....

MÊS: ....

*Como se aproveita a vida, sem parar para contemplá-la?
Não quero deixar de sentir o cheiro doce da vida.*

— *O Pequeno Príncipe Preto*,
Rodrigo França

.... **QUINTA-FEIRA**

.... **SEXTA-FEIRA**

SÁBADO .... **DOMINGO**

MINHAS PRIORIDADES:

METAS DA SEMANA:

O QUE PODE MELHORAR:

SEGUNDA-FEIRA ....

TERÇA-FEIRA ....

QUARTA-FEIRA ....

MÊS: ....

*Não estou destruindo meus inimigos
quando faço deles meus amigos?*

— Abraham Lincoln

.... **QUINTA-FEIRA**

.... **SEXTA-FEIRA**

SÁBADO... **DOMINGO**

| **MINHAS PRIORIDADES:** | **METAS DA SEMANA:** | **O QUE PODE MELHORAR:** |

SEGUNDA-FEIRA..

TERÇA-FEIRA..

QUARTA-FEIRA..

MÊS: ....

*A influência que o bom caráter exerce é contagiosa
e pode revolucionar uma vida inteira...*

— *Poliana*,
Eleanor H. Porter.

.... **QUINTA-FEIRA**

.... **SEXTA-FEIRA**

SÁBADO .... **DOMINGO**

MINHAS PRIORIDADES:

METAS DA SEMANA:

O QUE PODE MELHORAR:

SEGUNDA-FEIRA..

TERÇA-FEIRA..

QUARTA-FEIRA...

MÊS: ....

*Nós somos do estofo de que se fazem sonhos;
e esta vida encerra-se num sono.*

— *A tempestade,*
William Shakespeare

.... **QUINTA-FEIRA**

.... **SEXTA-FEIRA**

SÁBADO..**DOMINGO**

MINHAS PRIORIDADES:

METAS DA SEMANA:

O QUE PODE MELHORAR:

SEGUNDA-FEIRA ....

TERÇA-FEIRA ....

QUARTA-FEIRA ....

MÊS: ....

*Há escuridão em nossas vidas, e há luzes;
você é uma das luzes.*

— *Drácula*,
Bram Stoker

.... **QUINTA-FEIRA**

.... **SEXTA-FEIRA**

SÁBADO..**DOMINGO**

| **MINHAS PRIORIDADES:** | **METAS DA SEMANA:** | **O QUE PODE MELHORAR:** |

SEGUNDA-FEIRA..

TERÇA-FEIRA...

QUARTA-FEIRA..

MÊS: ....

Sobretudo não minta a si mesmo. Aquele que mente a si mesmo e escuta a própria mentira vai ao ponto de não mais distinguir a verdade, nem em si nem em torno de si; perde, pois, o respeito de si e dos outros. Não respeitando ninguém, deixa de amar.

— *Os irmãos Karamazov*,
Fiódor Dostoiévski

.... **QUINTA-FEIRA**

.... **SEXTA-FEIRA**

SÁBADO .... **DOMINGO**

MINHAS PRIORIDADES:

METAS DA SEMANA:

O QUE PODE MELHORAR:

SEGUNDA-FEIRA..

TERÇA-FEIRA..

QUARTA-FEIRA..

MÊS: ....

O sucesso sempre incomoda os medíocres ambiciosos, os sonhadores incapazes, os fracassados em geral.

— *O selvagem da ópera,*
Rubem Fonseca

.... **QUINTA-FEIRA**

.... **SEXTA-FEIRA**

SÁBADO... **DOMINGO**

MINHAS PRIORIDADES:

METAS DA SEMANA:

O QUE PODE MELHORAR:

SEGUNDA-FEIRA..

TERÇA-FEIRA..

QUARTA-FEIRA..

MÊS: ....

Queremos ao nosso lado os que vejam o fim e creiam no bom êxito; os outros não, porque só os esperam o pesar e o sofrimento.

—*A mãe*,
Máximo Górki

.... **QUINTA-FEIRA**

.... **SEXTA-FEIRA**

SÁBADO..**DOMINGO**

MINHAS PRIORIDADES: **METAS DA SEMANA:**   **O QUE PODE MELHORAR:**

SEGUNDA-FEIRA..

TERÇA-FEIRA..

QUARTA-FEIRA...

MÊS: ....

Dê a cada dia a chance de se tornar o mais bonito da sua vida.
— Mark Twain

.... **QUINTA-FEIRA**

.... **SEXTA-FEIRA**

SÁBADO..**DOMINGO**

MINHAS PRIORIDADES:

METAS DA SEMANA:

O QUE PODE MELHORAR:

SEGUNDA-FEIRA..

TERÇA-FEIRA..

QUARTA-FEIRA..

MÊS: ....

O amor deve ser valorizado, não porque em si esteja seu maior valor, mas por ser essencial para todos os outros valores, e como fonte de prazer em si próprio.

— *A conquista da felicidade,*
Bertrand Russell

.... **QUINTA-FEIRA**

.... **SEXTA-FEIRA**

SÁBADO... **DOMINGO**

MINHAS PRIORIDADES:

METAS DA SEMANA:

O QUE PODE MELHORAR:

SEGUNDA-FEIRA..

TERÇA-FEIRA..

QUARTA-FEIRA...

MÊS: ....

*Aprendi que um amigo pode estar à espera
por trás de um rosto estranho.*

— Carta a minha filha,
Maya Angelou

.... QUINTA-FEIRA

.... SEXTA-FEIRA

SÁBADO .... DOMINGO

MINHAS PRIORIDADES:

METAS DA SEMANA:

O QUE PODE MELHORAR:

SEGUNDA-FEIRA ....

TERÇA-FEIRA ....

QUARTA-FEIRA ....

MÊS: ....

Loucuras e absurdos, manias e inconsistências de fato me divertem.

— Orgulho e preconceito,
Jane Austen

.... **QUINTA-FEIRA**

.... **SEXTA-FEIRA**

SÁBADO.. **DOMINGO**

MINHAS PRIORIDADES:

METAS DA SEMANA:

O QUE PODE MELHORAR:

SEGUNDA-FEIRA ....

TERÇA-FEIRA ....

QUARTA-FEIRA ....

MÊS: ....

> *Os amigos que tens por verdadeiros,*
> *agarra-os a tu'alma em fios de aço.*
>
> — *Hamlet,*
> William Shakespeare

.... **QUINTA-FEIRA**

.... **SEXTA-FEIRA**

SÁBADO .... **DOMINGO**

MINHAS PRIORIDADES:

METAS DA SEMANA:

O QUE PODE MELHORAR:

SEGUNDA-FEIRA..

TERÇA-FEIRA...

QUARTA-FEIRA..

MÊS: ....

Ora, o olhar, se insiste (e ainda mais se perdura, atravessa, com a fotografia, o Tempo), o olhar é sempre virtualmente louco: é ao mesmo tempo efeito de verdade e efeito de loucura.

— *A câmara clara*,
Roland Barthes

....**QUINTA-FEIRA**

....**SEXTA-FEIRA**

SÁBADO..**DOMINGO**

MINHAS PRIORIDADES:

METAS DA SEMANA:

O QUE PODE MELHORAR:

SEGUNDA-FEIRA..

TERÇA-FEIRA..

QUARTA-FEIRA...

MÊS: ....

Para mudar o sentido, para voltar a ser grande, simples e humano, para começar a querer bem necessário era — mesmo para os que tanto sabem — aprender a apascentar as ânsias, a acariciar os ventos, a amar o bisonho, a brindar a luz, a beijar os dias, a beliscar as tristezas.

— Eles que não se amavam,
Celso Sisto

.... **QUINTA-FEIRA**

.... **SEXTA-FEIRA**

SÁBADO .... **DOMINGO**

MINHAS PRIORIDADES:

METAS DA SEMANA:

O QUE PODE MELHORAR:

SEGUNDA-FEIRA...

TERÇA-FEIRA...

QUARTA-FEIRA..

MÊS: ....

Não há alegria pública que valha uma boa alegria particular.

— *Esaú e Jacó*,
Machado de Assis

....**QUINTA-FEIRA**

....**SEXTA-FEIRA**

SÁBADO..**DOMINGO**

MINHAS PRIORIDADES: **METAS DA SEMANA:**   **O QUE PODE MELHORAR:**

SEGUNDA-FEIRA..

TERÇA-FEIRA...

QUARTA-FEIRA..

MÊS: ....

Se não conhecer o inimigo nem a si mesmo, você irá fracassar em todas as batalhas.

— *A arte da guerra,*
Sun Tzu

.... **QUINTA-FEIRA**

.... **SEXTA-FEIRA**

SÁBADO.. **DOMINGO**

MINHAS PRIORIDADES:

METAS DA SEMANA:

O QUE PODE MELHORAR:

SEGUNDA-FEIRA..

TERÇA-FEIRA..

QUARTA-FEIRA..

MÊS: ....

O mistério da vida me causa a mais forte emoção. É o sentimento que suscita a beleza e a verdade, cria a arte e a ciência.

— *Como vejo o mundo,*
Albert Einstein

....**QUINTA-FEIRA**

....**SEXTA-FEIRA**

SÁBADO..**DOMINGO**

MINHAS PRIORIDADES: **METAS DA SEMANA:**   **O QUE PODE MELHORAR:**

SEGUNDA-FEIRA..

TERÇA-FEIRA..

QUARTA-FEIRA...

MÊS: ....

Não há encanto maior que a ternura do coração.

— *Emma,*
Jane Austen

.... **QUINTA-FEIRA**

.... **SEXTA-FEIRA**

SÁBADO..**DOMINGO**

MINHAS PRIORIDADES: **METAS DA SEMANA:**   **O QUE PODE MELHORAR:**

SEGUNDA-FEIRA..

TERÇA-FEIRA..

QUARTA-FEIRA..

MÊS: ....

Todo santo tem um passado e todo pecador tem um futuro.
— Oscar Wilde

....**QUINTA-FEIRA**

....**SEXTA-FEIRA**

SÁBADO..**DOMINGO**

MINHAS PRIORIDADES: **METAS DA SEMANA:** **O QUE PODE MELHORAR:**

SEGUNDA-FEIRA ....

TERÇA-FEIRA ....

QUARTA-FEIRA ....

MÊS: ....

Querer-se livre é também querer os outros livres.

— *Por uma moral da ambiguidade*,
Simone de Beauvoir

.... **QUINTA-FEIRA**

.... **SEXTA-FEIRA**

SÁBADO..**DOMINGO**

MINHAS PRIORIDADES: **METAS DA SEMANA:** **O QUE PODE MELHORAR:**

SEGUNDA-FEIRA..

TERÇA-FEIRA..

QUARTA-FEIRA...

MÊS: ....

A amizade genuína requer tempo, esforço e trabalho para ser mantida. A amizade é algo profundo. De fato, é uma forma de amor.

— O livro das virtudes,
William J. Bennett

.... **QUINTA-FEIRA**

.... **SEXTA-FEIRA**

SÁBADO..**DOMINGO**

| **MINHAS PRIORIDADES:** | **METAS DA SEMANA:** | **O QUE PODE MELHORAR:** |

SEGUNDA-FEIRA...

TERÇA-FEIRA...

QUARTA-FEIRA..

MÊS: ....

Em tudo há alguma coisa de bom. A questão é descobrir onde está.

— *Poliana*,
Eleanor H. Porter.

....**QUINTA-FEIRA**

....**SEXTA-FEIRA**

SÁBADO..**DOMINGO**

MINHAS PRIORIDADES:

METAS DA SEMANA:

O QUE PODE MELHORAR:

SEGUNDA-FEIRA..

TERÇA-FEIRA..

QUARTA-FEIRA..

MÊS: ....

Para tornar a realidade suportável, somos todos obrigados a alimentar algumas pequenas loucuras dentro de nós.

— Em busca do tempo perdido,
Marcel Proust

.... **QUINTA-FEIRA**

.... **SEXTA-FEIRA**

SÁBADO .... **DOMINGO**

MINHAS PRIORIDADES:

METAS DA SEMANA:

O QUE PODE MELHORAR:

SEGUNDA-FEIRA..

TERÇA-FEIRA..

QUARTA-FEIRA..

MÊS: ....

O passado é consumido no presente e o presente é vivido somente porque traz consigo o futuro.

— Retrato do artista quando jovem,
James Joyce

.... **QUINTA-FEIRA**

.... **SEXTA-FEIRA**

SÁBADO .... **DOMINGO**

MINHAS PRIORIDADES:

METAS DA SEMANA:

O QUE PODE MELHORAR:

SEGUNDA-FEIRA...

TERÇA-FEIRA...

QUARTA-FEIRA..

MÊS: ....

Amor que é cego não acerta o alvo.

— *Romeu e Julieta*,
William Shakespeare

.... **QUINTA-FEIRA**

.... **SEXTA-FEIRA**

SÁBADO..**DOMINGO**

MINHAS PRIORIDADES:

METAS DA SEMANA:

O QUE PODE MELHORAR:

SEGUNDA-FEIRA..

TERÇA-FEIRA..

QUARTA-FEIRA...

MÊS: ....

Todos os meus sonhos cabem num livro, para o alto meus sonhos vão.
E se os sonhos, às vezes, caem... eu os apanho, um a um, no chão.

— *Todos os meus sonhos,*
Ivan Zigg

.... **QUINTA-FEIRA**

.... **SEXTA-FEIRA**

SÁBADO .... **DOMINGO**

MINHAS PRIORIDADES:

METAS DA SEMANA:

O QUE PODE MELHORAR:

SEGUNDA-FEIRA..

TERÇA-FEIRA..

QUARTA-FEIRA..

MÊS: ....

É tão difícil não se apaixonar pelas coisas, não é?
— *Anne de Green Gables*,
Lucy Maud Montgomery

.... **QUINTA-FEIRA**

.... **SEXTA-FEIRA**

SÁBADO .... **DOMINGO**

MINHAS PRIORIDADES:

METAS DA SEMANA:

O QUE PODE MELHORAR:

SEGUNDA-FEIRA..

TERÇA-FEIRA...

QUARTA-FEIRA..

MÊS: ....

Nunca deveríamos envergonhar-nos de nossas lágrimas. Elas são como que uma chuva benéfica que lava a poeira dos corações endurecidos.

— Grandes esperanças,
Charles Dickens

.... **QUINTA-FEIRA**

.... **SEXTA-FEIRA**

SÁBADO... **DOMINGO**

MINHAS PRIORIDADES:

METAS DA SEMANA:

O QUE PODE MELHORAR:

SEGUNDA-FEIRA..

TERÇA-FEIRA..

QUARTA-FEIRA..

MÊS: ....

Você não pode controlar todos os fatos que acontecem em sua vida, mas pode decidir não ser diminuída por eles. Tente ser um arco-íris na nuvem de alguém.

— *Carta a minha filha,*
Maya Angelou

....**QUINTA-FEIRA**

....**SEXTA-FEIRA**

SÁBADO..**DOMINGO**

MINHAS PRIORIDADES:

METAS DA SEMANA:

O QUE PODE MELHORAR:

SEGUNDA-FEIRA..

TERÇA-FEIRA..

QUARTA-FEIRA...

MÊS: ....

*Se você não diz a verdade sobre si mesmo,
não pode dizer sobre outras pessoas.*

— Virginia Woolf

.... **QUINTA-FEIRA**

.... **SEXTA-FEIRA**

SÁBADO .... **DOMINGO**

MINHAS PRIORIDADES:

METAS DA SEMANA:

O QUE PODE MELHORAR:

SEGUNDA-FEIRA...

TERÇA-FEIRA..

QUARTA-FEIRA...

MÊS: ....

*Não tenho medo de tempestades,
pois estou aprendendo a navegar em meu navio.*

— *Mulherzinhas*,
Louisa May Alcott

.... **QUINTA-FEIRA**

.... **SEXTA-FEIRA**

SÁBADO .... **DOMINGO**

| **MINHAS PRIORIDADES:** | **METAS DA SEMANA:** | **O QUE PODE MELHORAR:** |

SEGUNDA-FEIRA...

TERÇA-FEIRA...

QUARTA-FEIRA...

MÊS: ....

*Coragem é resistência ao medo,
domínio do medo, não ausência do medo.*

— Mark Twain

.... **QUINTA-FEIRA**

.... **SEXTA-FEIRA**

SÁBADO... **DOMINGO**

MINHAS PRIORIDADES:

METAS DA SEMANA:

O QUE PODE MELHORAR:

SEGUNDA-FEIRA..

TERÇA-FEIRA...

QUARTA-FEIRA..

MÊS: ....

Desejo, como todos os mortais, ser perfeitamente feliz; mas, como todos os mortais, quero ser feliz à minha maneira.

— Razão e sentimento,
Jane Austen

....**QUINTA-FEIRA**

....**SEXTA-FEIRA**

SÁBADO..**DOMINGO**

MINHAS PRIORIDADES:　　**METAS DA SEMANA:**　　**O QUE PODE MELHORAR:**

SEGUNDA-FEIRA..

TERÇA-FEIRA...

QUARTA-FEIRA..

MÊS: ....

Não é uma delícia pensar que amanhã será um novo dia ainda sem nenhum engano cometido?

— *Anne de Green Gables,*
Lucy Maud Montgomery

....**QUINTA-FEIRA**

....**SEXTA-FEIRA**

SÁBADO..**DOMINGO**

MINHAS PRIORIDADES:

METAS DA SEMANA:

O QUE PODE MELHORAR:

O QUE DEU CERTO ESTE ANO:

_____
_____
_____
_____
_____
_____

O QUE NÃO DEVO REPETIR:

_____
_____
_____
_____
_____
_____
_____

DESEJOS PARA O PRÓXIMO ANO:

ANOTAÇÕES

ANOTAÇÕES

Direção editorial
Daniele Cajueiro

Editora responsável
Ana Carla Sousa

Produção editorial
Adriana Torres
Mariana Bard
Laiane Flores

Capa, projeto gráfico e diagramação
Larissa Fernandez Carvalho
Leticia Fernandez Carvalho

Este *planner* foi impresso em 2020 para a Agir.